卞尺丹几乙し丹卞と

Translated Language Learning

La Patte du Singe
The Monkey's Paw

W.W. Jacobs

Français / English

Copyright © 2023 Tranzlaty
All rights reserved.
Published by Tranzlaty
ISBN: 978-1-83566-260-1
Original text by W.W. Jacobs
The Monkey's Paw
First published in English in 1902
www.tranzlaty.com

- Première partie -
- Part One -

Dehors, la nuit était froide et humide
outside the night was cold and wet
mais tout allait bien dans le petit salon de Laburnam Villa
but all was well in the small parlour of Laburnam Villa
Le feu brûlait vivement et les stores étaient tirés
the fire burned brightly and the blinds were drawn
La vieille dame aux cheveux blancs tricotait au coin du feu
the white-haired old lady was knitting by the fire
et le père et le fils étaient occupés à jouer aux échecs
and father and son were busy playing chess
Le père aimait jouer dangereusement au jeu
the father liked to play the game dangerously
Il a souvent mis son roi dans des périls inutiles
he often put his king into unnecessary perils
et cette fois il avait laissé le roi trop exposé
and this time he had left the king too exposed
Il avait vu l'erreur qu'il avait commise
he had seen the mistake he made
mais il était trop tard pour le changer
but it was too late to change it
— Écoutez le vent ! dit aimablement M. White
"Hark at the wind!" said Mr. White, amiably
Il a essayé de distraire son fils et de l'empêcher de voir l'erreur
he tried to distract his son from seeing the mistake
— J'écoute, dit le fils
"I'm listening," said the son
Bien qu'il examinât le conseil d'administration d'un air

sinistre
although he was grimly surveying the board
Il mit le roi en échec
he put the king into check
« Je ne peux pas m'imaginer qu'il viendra ce soir », dit son père
"I can't imagine he'll come tonight," said his father
Et il alla mettre la main sur la planche
and he went to put his hand to the board
— Et échec et mat, ajouta le fils
"and check mate," added the son
M. White fut un instant submergé par la colère
Mr. White was quite overcome with anger for a moment
« C'est le problème quand on vit si loin ! »
"That's the problem with living so far out!"
« C'est un endroit tellement bestial où vivre »
"it's such a beastly place to live in"
« Et c'est trop éloigné des choses »
"and it's too far out of the way of things"
« Le chemin qui mène à la maison est une tourbière »
"The pathway to the house is a bog"
« Et la route est probablement un torrent maintenant »
"and the road's probably a torrent by now"
« Je ne sais pas ce que les gens pensaient ! »
"I don't know what the people were thinking!"
« Peut-être parce qu'il n'y a que deux maisons dans la rue qui sont louées »
"perhaps because only two houses in the road are let"
« Ils doivent penser que ça n'a pas d'importance »
"they must think that it doesn't matter"
— N'importe, ma chérie, dit sa femme d'un ton apaisant
"Never mind, dear," said his wife, soothingly

« Peut-être que tu gagneras le prochain match »
"perhaps you'll win the next game"
Mère et fils échangèrent un regard complice
mother and son shared a knowing glance
M. White leva les yeux juste à temps pour s'en apercevoir
Mr. White looked up just in time to notice
Les mots s'éteignirent sur ses lèvres
The words died away on his lips
Il cachait un sourire coupable dans sa fine barbe grise
he hid a guilty grin in his thin grey beard
Il y a eu une forte détonation à la porte
there was a loud bang at the gate
— Le voilà, dit Herbert White
"There he is," said Herbert White
et des pas lourds s'avancèrent vers la porte
and heavy footsteps came towards the door
Le vieillard se leva avec une hâte hospitalière
The old man rose with hospitable haste
Il ouvrit la porte à son ami
he opened the door for his friend
et on l'entendit présenter ses condoléances au nouvel arrivant
and he was heard condoling with the new arrival
Finalement, Mme White a convoqué les hommes
eventually Mrs. White called the men in
Elle toussa doucement lorsque son mari entra dans la pièce
she coughed gently as her husband entered the room
Il était suivi d'un homme grand et costaud
he was followed by a tall, burly man
Il avait l'œil perçant et le visage rubicond
he was beady of eye, and rubicund of visage

— **Sergent-major Morris, dit-il en présentant son ami**
"Sergeant-Major Morris," he said, introducing his friend
Le sergent-major lui serra la main
The sergeant-major shook hands
et il s'assit près du feu
and he took the proffered seat by the fire
Son hôte sortit le whisky et les gobelets
his host got out the whiskey and tumblers
Et il mit une petite bouilloire de cuivre sur le feu
and he put a small copper kettle on the fire

Après son troisième whisky, ses yeux sont devenus plus brillants
After his third whiskey his eyes got brighter
et peu à peu il commença à parler plus librement
and gradually he began to talk more freely
La petite famille entourait son visiteur
the little family circled their visitor
Il redressa ses larges épaules sur la chaise
he squared his broad shoulders in the chair
et il parla de scènes sauvages et d'exploits courageux
and he spoke of wild scenes and doughty deeds
Il a parlé de guerres, de fléaux et de peuples étrangers
he spoke of wars and plagues and strange peoples
— **Vingt-et-un ans, dit M. White**
"Twenty-one years of it," said Mr. White
Et il fit un signe de tête à sa femme et à son fils
and he nodded to his wife and son
« Il travaillait juste dans l'entrepôt à l'époque »
"he was just working in the warehouse then"
« Quand il est parti, il n'était qu'un jeune homme »
"When he went away he was just a youth"
« Maintenant, regardez-le, après toutes ces années »

"Now look at him, after all these years"
bien que Mme White le flattât poliment ;
although Mrs. White politely flattered him;
« Il n'a pas l'air d'avoir été trop abîmé »
"He doesn't look like he has been too damaged"
— J'aimerais aller moi-même aux Indes, dit le vieillard
"I'd like to go to India myself," said the old man
« Juste pour regarder un peu autour de moi, vous savez »
"just to look around a bit, you know"
mais le sergent-major le déconseilla
but the sergeant-major advised against it
« Tu es mieux là où tu es »
"you're better off where you are"
Il secoua la tête à ce souvenir
he shook his head at the memory
Il posa le verre de whisky vide
He put down the empty glass of whiskey
Soupirant doucement, il secoua de nouveau la tête
sighing softly, he shook his head again
mais le vieillard continuait d'en rêver
but the old man continued to dream of it
« J'aimerais voir ces vieux temples »
"I would like to see those old temples"
« Et j'aimerais voir les fakirs et les jongleurs »
"and I'd like to see the fakirs and jugglers"
« Qu'est-ce que tu me disais l'autre jour ? »
"What is it you were telling me the other day?"
— N'était-ce pas quelque chose à propos d'une patte de singe, Morris ?
"wasn't it something about a monkey's paw, Morris?"
— Rien, dit vivement le soldat
"Nothing," said the soldier, hastily

« Ce n'est pas la peine d'en entendre parler »
"it's nothing worth hearing about"
— Une patte de singe ? dit Mrs. White avec curiosité
"a monkey's paw?" said Mrs. White, curiously
Le sergent-major savait qu'il devait expliquer un peu
the sergeant-major knew he had to explain a little
« Eh bien, c'est juste un peu de ce qu'on pourrait appeler de la magie »
"Well, it's just a bit of what you might call magic"
Ses trois auditeurs se penchèrent en avant avec empressement
His three listeners leaned forward eagerly
Le visiteur porta son verre vide à ses lèvres
The visitor put his empty glass to his lips
L'espace d'un instant, il avait oublié où il se trouvait
for a moment he had forgot where he was
Et puis il posa de nouveau le verre
and then he put the glass down again
Son hôte a gentiment rempli le verre pour lui
His host kindly refilled the glass for him
Il fouilla dans sa poche pour trouver quelque chose
he fumbled in his pocket for something
« A regarder, c'est juste une petite patte ordinaire »
"To look at, it's just an ordinary little paw"
« Il a presque séché jusqu'à devenir une momie »
"it has all but dried to a mummy"
Et il sortit quelque chose de sa poche
and he took something out of his pocket
Il l'offrait à tous ceux qui le voulaient
he offered it to anyone who wanted it
Mrs. White recula avec une grimace
Mrs. White drew back with a grimace
Mais son fils n'a pas hésité à saisir l'occasion

but her son didn't hesitate at the opportunity
Et il prit la patte de singe de l'invité
and he took the monkey paw from the guest
Il l'examina avec une grande curiosité
he examined it with great curiosity
Bientôt, ce fut au tour de son père de tenir la patte de singe
soon it was his dad's turn to hold the monkey paw
Après l'avoir examinée, il la posa sur la table
having examined it, he placed it upon the table
« Et qu'est-ce qu'il y a de si spécial ? » demanda-t-il
"And what is so special about it?" he asked
— On lui a jeté un sort, dit le sergent-major
"It had a spell put on it," said the sergeant-major
« C'était un vieux fakir ; un homme très saint »
"he was an old fakir; a very holy man"
« Et il voulait donner une leçon aux gens »
"and he wanted to teach people a lesson"
« Il voulait montrer que le destin régnait sur nos vies »
"He wanted to show that fate ruled our lives"
« N'interférez pas avec le destin », a-t-il averti
"don't interfere with fate," he warned
« Alors il a jeté un sort sur la patte »
"so he put a spell on the paw"
« Trois hommes pourraient avoir la patte de singe »
"three men could have the monkey paw"
« Ils pourraient chacun en tirer trois vœux »
"they could each have three wishes from it"
Son public a trouvé l'histoire assez drôle
his audience found the story quite funny
Mais leur rire a rapidement semblé inapproprié
but their laughter quickly felt inappropriate
Le conteur ne riait certainement pas

the story teller certainly wasn't laughing
Herbert essaya de détendre l'atmosphère dans la pièce
Herbert tried to lighten the mood in the room
— Eh bien, pourquoi n'avez-vous pas trois vœux, monsieur ?
"Well, why don't you have three wishes, sir?"
Ceux qui ont de l'expérience ont une tranquillité à leur sujet
those with experience have a quiet about them
Le soldat regarda calmement le jeune homme
the soldier calmly regarded the youth
« J'ai eu mes souhaits », dit-il calmement
"I've had my wishes," he said, quietly
et son visage tacheté devint d'une blancheur grave
and his blotchy face turned a grave white
« Et avez-vous vraiment exaucé les trois vœux ? »
"And did you really have the three wishes granted?"
— Mes vœux ont été exaucés, confirma le sergent-major
"I had my wishes granted," confirmed the sergeant-major
— Et quelqu'un d'autre l'a-t-il voulu ? demanda la vieille dame
"And has anybody else wished?" asked the old lady
« Le premier homme avait ses trois vœux », fut la réponse
"The first man had his three wishes," was the reply
« Je ne sais pas quels étaient les deux premiers vœux »
"I don't know what the first two wishes were"
« Mais le troisième souhait était la mort »
"but the third wish was for death"
« C'est comme ça que j'ai eu la patte du singe »
"That's how I got the monkey's paw"

Son ton était devenu très grave
His tones had gotten very grave
Un silence sombre s'abattit sur le groupe
a dark hush fell upon the group
— Vous avez fait vos trois vœux, songea M. White
"you've had your three wishes," pondered Mr. White
— Ce n'est pas bon pour vous, Morris.
"it's no good to you now, then, Morris"
« Pourquoi le gardez-vous ? »
"What do you keep it for?"
Le soldat secoua la tête
The soldier shook his head
— C'est un rappel, je suppose, dit-il lentement
"it's a reminder, I suppose," he said, slowly
« J'avais une idée de le vendre »
"I did have some idea of selling it"
« mais je ne pense pas que je vais le vendre »
"but I don't think I will sell it"
« Il a déjà fait assez de dégâts »
"It has caused enough mischief already"
« D'ailleurs, les gens ne l'achèteront pas »
"Besides, people won't buy it"
« Ils pensent que c'est un conte de fées »
"They think it's a fairy tale"
« Certains sont un peu plus curieux que d'autres »
"some are a little more curious than others"
« Mais ils veulent d'abord l'essayer avant de me payer »
"but they want to try it first before paying me"
lui demanda le vieil homme avec une curiosité sincère
the old man asked him with genuine curiosity
« Voudriez-vous avoir trois autres vœux ? »
"would you want to have another three wishes?"

« Je ne sais pas... dit le soldat, « Je ne sais pas »
"I don't know..." said the soldier, "I don't know"

Il prit la patte sur la table
He took the paw from the table
et il le balança entre son index et son pouce
and he dangled it between his forefinger and thumb
Soudain, il le jeta au feu
suddenly he threw it into the fire
La famille a crié de surprise et de choc
the family cried out in surprise and shock
mais surtout, ils criaient de regret
but most of all they cried out with regret
M. White se baissa et l'arracha au feu
Mr White stooped down and snatched it out the fire
— Mieux vaut le laisser brûler, dit le soldat
"Better let it burn," said the soldier
« Si vous n'en voulez pas, Morris, donnez-le-moi. »
"If you don't want it, Morris, give it to me"
— Je ne te le donnerai pas, dit son ami avec obstination
"I won't give it to you," said his friend, doggedly
« J'avais l'intention de le jeter sur le feu »
"I meant to throw it on the fire"
« Si tu le gardes, ne me blâme pas pour ce qui se passe »
"If you keep it, don't blame me for what happens"
« Jetez-le à nouveau sur le feu comme un homme sensé »
"Pitch it on the fire again like a sensible man"
Mais le vieillard secoua la tête
but the old man shook his head
Au lieu de cela, il examina de près sa nouvelle possession

instead, he examined his new possession closely
« Comment faites-vous ? » demanda-t-il
"How do you do it?" he inquired
« Il faut le tenir dans la main droite »
"you have to hold it up in your right hand"
— Alors, il faut souhaiter tout haut, dit le sergent-major
"then you have to wish aloud," said the sergeant-major
« mais je vous préviens des conséquences »
"but I warn you of the consequences"
— On dirait les Mille et Une Nuits, dit Mrs. White
"Sounds like the Arabian Nights," said Mrs. White
Elle se leva et se mit à préparer le souper
and she rose and began to set the supper
« On pourrait souhaiter quatre paires de mains, pour moi »
"you could wish for four pairs of hands, for me"
Son mari brandit le talisman
Her husband held the talisman up
Le sergent-major le saisit par le bras
the sergeant-major caught him by the arm
Et il avait un air alarmé sur son visage
and he had a look of alarm on his face
Et puis tous les trois éclatèrent de rire
and then all three burst into laughter
Mais l'hôte n'était pas aussi amusé que ses hôtes
but the guest was not as amused as his hosts
« Si vous devez le vouloir, souhaitez quelque chose de sensé »
"If you must wish, wish for something sensible"
M. White laissa tomber la patte dans sa poche
Mr. White dropped the paw into his pocket
Le souper était presque prêt

supper had now almost been set up
M. White plaça les chaises autour de la table
Mr White placed the chairs around the table
Et il fit signe à son ami de venir manger
and he motioned his friend to come and eat
Le souper est devenu plus intéressant que le talisman
supper became more interesting than the talisman
et le talisman a été en partie oublié
and the talisman was partly forgotten
Quoi qu'il en soit, il y avait d'autres contes de l'Inde
anyway, there were more tales from India
et l'invité les divertissait avec d'autres histoires
and the guest entertained them with other stories

La soirée avait été très agréable
the evening had been very enjoyable
Morris est parti juste à temps pour prendre le dernier train
Morris left just in time to catch the last train
C'est ce qui avait le plus amusé ces histoires
Herbert had been most entertained by the stories
« Imaginez si toutes les histoires qu'il nous a racontées étaient vraies »
"imagine if all the stories he told us are true"
« Imaginez si la patte du singe était vraiment enchantée »
"imagine if the monkey's paw really was enchanted"
« Nous le prendrons avec des pincettes »
"we shall take it with a pinch of salt"
Mme White était également curieuse à ce sujet
Mrs. White was curious about it too
— Lui avez-vous donné quelque chose pour cela, mon père ?

"Did you give him anything for it, father?"
Et elle surveillait attentivement son mari
and she watched her husband closely
— Une bagatelle, dit-il en rougissant légèrement
"A trifle," said he, colouring slightly
« Il n'en voulait pas, mais je le lui ai fait prendre »
"He didn't want it, but I made him take it"
« Et il m'a encore pressé de le jeter »
"And he pressed me again to throw it away"
— Il le faut ! dit Harbert avec une horreur feinte
"you must!" said Herbert, with pretended horror
« Eh bien, nous allons être riches, célèbres et heureux »
"Why, we're going to be rich, and famous and happy"
« Tu devrais faire le vœu d'être empereur, mon père »
"you should make the wish to be an emperor, father"
Et il a dû courir autour de la table pour finir la blague
and he had to run around the table to finish the joke
« Alors tu ne te feras pas picorer par les poules »
"then you won't be pecked by the hens"
Sa mère le poursuivait avec un torchon
his mum was chasing him with a dishcloths
M. White sortit la patte de sa poche
Mr. White took the paw from his pocket
Il regarda la patte du singe momifié d'un air dubitatif
he eyed the mummified monkey's paw dubiously
« Je ne sais pas quoi souhaiter »
"I don't know what to wish for"
— Et c'est un fait, dit-il lentement
"and that's a fact," he said, slowly
« Il me semble que j'ai tout ce que je veux »
"It seems to me I've got all I want"
— Mais vous pourriez payer la maison, suggéra Herbert

"but you could pay off the house," suggested Herbert
« Imaginez à quel point vous seriez heureux à ce moment-là ! »
"imagine how happy you'd be then!"
« Tu as raison », a dit son père en riant
"you make a good point," his dad laughed
— Eh bien, je veux deux cents livres, alors...
"Well, wish for two hundred pounds, then"
« Ce serait suffisant pour l'hypothèque »
"that would be enough for the mortgage"
Il dut rougir de sa propre crédulité
he had to blush at his own credulity
mais il brandit le talisman de la main droite
but he held up the talisman with his right hand
Son fils montra un visage solennel à son père
his son showed a solemn face to his father
mais, sur le côté, il fit un clin d'œil à sa mère
but, to the side, he winked to his mother
Et il s'assit au piano
and he sat down at the piano
Et il a touché quelques cordes sensibles
and he struck a few serious sounding chords
Le vieillard fit distinctement son vœu
the old man distinctly made his wish
« Je veux deux cents livres »
"I wish for two hundred pounds"
Un beau crescendo du piano accueillit les paroles
A fine crescendo from the piano greeted the words
Mais alors un cri frissonnant s'éleva du vieil homme
but then a shuddering cry came from the old man
Sa femme et son fils coururent vers lui
His wife and son ran towards him
« Elle a bougé, s'écria-t-il, la main a bougé ! »

"It moved," he cried, "the hand moved!"
Il regarda avec dégoût l'objet sur le sol
he looked with disgust at the object on the floor
« Alors que je faisais mon vœu, il s'est tordu dans ma main »
"As I made my wish it twisted in my hand"
« Il bougeait dans ma main comme un serpent »
"it moved in my hand like a snake"
— Eh bien, je ne vois pas l'argent, dit son fils
"Well, I don't see the money," said his son
Il ramassa la patte sur le sol
he picked the paw from the floor
Et il posa la main desséchée sur la table
and he placed the withered hand on the table
« Et je parie que je ne verrai jamais l'argent »
"and I bet I never shall see the money"
— C'est sans doute votre fantaisie, mon père, dit sa femme
"It must have been your fancy, father," said his wife
« L'imagination a le don de jouer des tours »
"imaginations do have a way of playing tricks"
mais elle continuait à le regarder avec anxiété
but she continued to regard him anxiously
Il retrouva son calme et secoua la tête
He collected his calm and shook his head
« Qu'à cela ne tienne, il n'y a pas de mal »
"Never mind, though, there's no harm done"
« Mais ça m'a fait un choc »
"but it did give me quite a shock"

Ils s'assirent de nouveau près du feu
They sat down by the fire again
Les deux hommes fumèrent le reste de leurs pipes

the two men smoked the rest of their pipes
Dehors, le vent était plus fort que jamais
outside, the wind was stronger than ever
Le vieil homme était sur les nerfs toute la nuit
the old man was on edge all night
Une porte à l'étage s'est refermée avec fracas
a door upstairs shut itself with a bang
et il a failli sauter hors de sa peau
and he almost jumped out of his skin
Un silence inhabituel et déprimant s'installa dans la pièce
an unusual and depressing silence settled upon the room
Finalement, Herbert se retira pour la nuit
eventually Herbert retired for the night
mais il ne put s'empêcher de les taquiner un peu plus
but he couldn't help teasing them a little more
« Je m'attends à ce que vous trouviez l'argent immobilisé »
"I expect you'll find the cash tied up"
« Tout sera au milieu de ton lit »
"it'll all be in the middle of your bed"
« Mais il y aura quelque chose d'horrible dans ta chambre »
"but there'll be something horrible in your room"
« Il sera accroupi sur le dessus de l'armoire »
"it will be squatting on top of the wardrobe"
« Et il vous regardera pendant que vous empochez vos gains mal acquis »
"and it'll watch you as you pocket your ill-gotten gains"
« Bonne nuit maman, bonne nuit papa »
"good night mother, good night father"
Mrs. White se coucha bientôt aussi
Mrs. White soon went to bed too

Le vieil homme était assis seul dans l'obscurité
The old man sat alone in the darkness
Il passa un certain temps à contempler le feu mourant
he spend some time gazing at the dying fire
Dans le feu, il pouvait voir des visages horribles
in the fire he could see horrible faces
Ils avaient quelque chose d'étrangement simiesque
they had something strangely ape-like to them
Et il ne put s'empêcher de le regarder avec étonnement
and he couldn't help gazing in amazement
mais tout est devenu un peu trop vif
but it all got a little too vivid
Avec un rire gêné, il tendit la main vers le verre
with an uneasy laugh he reached for the glass
Il allait jeter de l'eau sur le feu
he was going to throw some water on the fire
mais sa main tomba sur la patte du singe
but his hand happened upon the monkey's paw
Un petit frisson parcourut sa colonne vertébrale
a little shiver ran down his spine
Il s'essuya la main sur son manteau
he wiped his hand on his coat
Et finalement, il monta aussi se coucher
and finally he also went up to bed

- Deuxième partie -
- Part Two -

Dans l'éclat du soleil d'hiver le lendemain matin
In the brightness of the wintry sun the next morning
Le soleil ruisselait sur la table du petit-déjeuner
the sun streamed over the breakfast table
Il se mit à rire de ses craintes de la nuit précédente
He laughed at his fears from the previous night
Il y avait un air de salubrité prosaïque dans la pièce
There was an air of prosaic wholesomeness in the room
L'ambiance n'avait pas cet optimisme la nuit précédente
the mood had lacked this optimism on the previous night
La petite patte sale et ratatinée fut posée sur le buffet
The dirty, shrivelled little paw was put on the sideboard
La patte a été placée là un peu négligemment
The paw was put there somewhat carelessly
comme s'il n'y avait pas une grande croyance en ses vertus
as if there was no great belief in its virtues
— Je suppose que tous les vieux soldats sont pareils, dit Mme White
"I suppose all old soldiers are the same," said Mrs. White
«C'est drôle de penser qu'on écoutait de telles bêtises!»
"funny to think we were listening to such nonsense!"
« Comment les vœux pourraient-ils être exaucés de nos jours ? »
"How could wishes be granted in these days?"
— Et comment deux cents livres pourraient-elles vous faire du mal, mon père ?
"And how could two hundred pounds hurt you, father?"

Herbert avait aussi une blague pour cela
Herbert had a joke for this too
« Il pourrait lui tomber du ciel sur la tête »
"it might drop on his head from the sky"
Mais son père n'a toujours pas trouvé tout cela drôle
but his father still didn't find it all funny
« Morris a dit que les choses se sont passées très naturellement »
"Morris said the things happened very naturally"
« Vous pourriez, si vous le vouliez, l'attribuer à une coïncidence »
"you might, if you so wished, attribute it to coincidence"
Harbert se leva de table, mais fit une dernière plaisanterie
Herbert rose from the table, but made one last joke
« Eh bien, ne commencez pas à dépenser l'argent avant que je ne revienne »
"Well, don't start spending the money before I come back"
« J'ai peur que cela ne fasse de toi un homme méchant et avare »
"I'm afraid it'll turn you into a mean, avaricious man"
« Et alors nous devrons te renier »
"and then we shall have to disown you"
Sa mère se mit à rire et le suivit jusqu'à la porte
His mother laughed and followed him to the door
Elle l'observa sur la route
She watched him down the road
Puis elle retourna à la table du petit-déjeuner
then she returned back to the breakfast table
Elle était très heureuse aux dépens de la crédulité de son mari
she was very happy at the expense of her husband's

credulity
mais elle se hâta de se précipiter à la porte quand le facteur frappa
but she did hurry to the door when the postman knocked
Le facteur lui avait apporté une facture du tailleur
the postman had brought her a bill from the tailor
Et elle a de nouveau fait un commentaire sur la patte du singe
and she did comment about the monkey's paw again

Le reste de la journée s'est déroulé sans incident
the rest of the day was quite uneventful
M. et Mme White se préparaient à dîner
Mr. and Mrs. White were getting ready to have dinner
Ils s'attendaient à ce qu'Herbert revienne d'une minute à l'autre
They were expecting Herbert back any minute now
Mme White s'est mise à parler de son fils
Mrs White got to talking about her son
« Il aura encore quelques remarques amusantes »
"He'll have some more of his funny remarks"
— Je suis sûr qu'il le fera, dit M. White
"I'm sure he will," said Mr. White
Et il se versa de la bière
and he poured himself out some beer
« Mais, blague à part, la chose bougeait dans ma main »
"but, joking aside, the thing moved in my hand"
— Vous pensiez, dit la vieille dame d'un ton apaisant
""you thought," said the old lady, soothingly
« J'ai dis-le bougé, » répondit l'autre
"I say it DID move," replied the other
« Il n'y avait pas de 'pensée' à ce sujet »

"There was no 'thought' about it"
« J'étais sur le point de... Qu'est-ce qu'il y a ?
"I was about to... What's the matter?"
Sa femme ne répondit rien
His wife made no reply
Elle observait les mouvements mystérieux d'un homme à l'extérieur
She was watching the mysterious movements of a man outside
Il semblait essayer de se décider à entrer
He appeared to be trying to make up his mind to enter
Elle a établi un lien mental avec les deux cents livres
she made a mental connection with the two hundred pounds
Et elle remarqua que l'étranger était bien habillé
and she noticed that the stranger was well dressed
Il portait un chapeau de soie d'une nouveauté brillante
He wore a silk hat of glossy newness
Trois fois il s'arrêta à la porte
Three times he paused at the gate
Puis il s'éloigna de nouveau
Then he walked away again
La quatrième fois, il se tint debout, la main sur la porte
The fourth time he stood with his hand on the gate
Résolument, il ouvrit la porte
resolutely, he flung the gate open
Et il remonta le chemin qui menait à la maison
and he walked up the path towards the house
Elle dégrafa précipitamment les cordons de son tablier
She hurriedly unfastened the strings of her apron
et elle mit ce tablier sous le coussin de sa chaise
and put that apron beneath the cushion of her chair
Puis elle se dirigea vers la porte pour laisser entrer

l'étranger
then she went to the door to let the stranger in
Il entra lentement et la regarda furtivement
He entered slowly, and gazed at her furtively
La vieille dame s'excusa de l'apparence de la pièce
the old lady apologized for the appearance of the room
mais il écoutait d'un air préoccupé
but he listened in a preoccupied fashion
Elle s'est également excusée pour le manteau de son mari
She also apologized for her husband's coat
un vêtement qu'il réservait habituellement pour le jardin
a garment which he usually reserved for the garden
Elle attendit patiemment qu'il lui dise pourquoi il était venu
She waited patiently for him to say why he had come
mais il fut d'abord étrangement silencieux
but he was at first strangely silent
— On m'a demandé de venir chez vous, dit-il enfin
"I was asked to come to you," he said, at last
Il se baissa pour prendre un morceau de coton dans son pantalon
He stooped to pick a piece of cotton from his trousers
« Je viens de Maw et Meggins »
"I come from Maw and Meggins"
La vieille dame fut surprise par ce qu'il venait de dire
The old lady was startled by what he had said
« Y a-t-il quelque chose ? » demanda-t-elle, essoufflée
"Is anything the matter?" she asked, breathlessly
« Est-il arrivé quelque chose à Herbert ?
"Has anything happened to Herbert?
« Qu'est-ce que c'est ? Que lui est-il arrivé ?

"What is it? What happened to him?"
— **Attendez un peu, ma mère, dit vivement son mari**
"wait a little, mother," said her husband, hastily
« **Asseyez-vous et ne tirez pas de conclusions hâtives** »
"Sit down, and don't jump to conclusions"
« **Vous n'avez pas apporté de mauvaises nouvelles, j'en suis sûr, Monsieur** »
"You've not brought bad news, I'm sure, Sir"
Et il regarda l'étranger avec mélancolie
and he eyed the stranger wistfully
« **Je suis désolé... commença le visiteur**
"I'm sorry..." began the visitor
— **Est-il blessé ? demanda la mère avec fureur**
"Is he hurt?" demanded the mother, wildly
Le visiteur s'inclina en signe d'assentiment
The visitor bowed in assent
« **Gravement blessé** », **dit-il tranquillement**
"Badly hurt," he said, quietly
« **Mais il ne souffre pas** »
"but he is not in any pain"
— **Oh ! Dieu merci ! dit la vieille femme**
"Oh, thank God!" said the old woman
Et elle joignit les mains pour prier
and she clasped her hands to pray
« **Dieu soit loué pour cela ! Merci...**
"Thank God for that! Thank..."
Elle interrompit brusquement sa phrase
She broke off her sentence suddenly
La signification sinistre de cette assurance lui apparut
the sinister meaning of the assurance dawned upon her
Elle regarda le visage détourné de l'étranger
she looked into the strangers averted face
et elle vit l'affreuse confirmation de ses craintes

and she saw the awful confirmation of her fears
Elle reprit son souffle un instant
she caught her breath for a moment
Et elle se tourna vers son mari à l'esprit plus lent
and she turned to her slower-witted husband
Elle posa sa vieille main tremblante sur sa main
She laid her trembling old hand upon his hand
Il y eut un long silence dans la salle
There was a long silence in the room
Finalement, le visiteur rompit le silence, à voix basse
finally the visitor broke the silence, in a low voice
« Il a été pris dans la machine »
"He was caught in the machinery"
— Pris dans la machinerie, répéta M. White
"Caught in the machinery," repeated Mr. White
Il marmonna ces mots d'un air hébété
he muttered the words in a dazed fashion
Il s'assit, le regard vide à la fenêtre
He sat staring blankly out at the window
Il prit la main de sa femme entre les siennes
he took his wife's hand between his own
Il se tourna doucement vers le visiteur
he turned gently towards the visitor
« Il était le seul qui nous restait »
"He was the only one left to us"
— C'est dur, répondit l'autre
"It is hard," The other replied
Se levant, il se dirigea lentement vers la fenêtre
Rising, he walked slowly to the window
« Le cabinet m'a souhaité lui transmettre ses sincères condoléances »
"The firm wished me to convey their sincere sympathy"
« Nous reconnaissons que vous avez subi une grande

perte »
"we recognize that you have suffered a great loss"
mais il était incapable de les regarder dans les yeux
but he was unable to look them in the eyes
« Je vous prie de comprendre que je ne suis que leur messager »
"I beg that you will understand I am only their messenger"
« Je ne fais qu'obéir aux ordres qu'ils m'ont donnés »
"I am merely obeying the orders they gave me"
Il n'y eut pas de réponse de la part du vieux couple
There was no reply from the old couple
Le visage de la vieille femme était blanc
The old woman's face was white
Ses yeux étaient fixes,
Her eyes were staring
Son souffle était inaudible
Her breath was inaudible
Son mari cherchait à se projeter à mi-distance
her husband was looking into some middle distance
« Maw et Meggins déclinent toute responsabilité »
"Maw and Meggins disclaim all responsibility"
« Ils n'admettent aucune responsabilité »
"They admit no liability at all"
« Mais ils sont prévenants pour les services de votre fils »
"but they are considerate of your son's services"
« Ils veulent vous offrir une compensation »
"they wish to present you with some compensation"
M. White laissa tomber la main de sa femme
Mr. White dropped his wife's hand
Il se leva pour ce qu'il allait demander
he rose to his feet for what he was about to ask

Et il regarda d'un air horrifié son visiteur
and he gazed with a look of horror at his visitor
Ses lèvres sèches formaient les mots : « Combien ? »
His dry lips shaped the words, "How much?"
— Deux cents livres, répondit-on
"Two hundred pounds," was the answer
Sa femme poussa un cri quand elle entendit le numéro
his wife gave out a shriek when she heard the number
Le vieil homme se contenta de sourire faiblement
the old man only smiled faintly
Il tendit les mains comme un aveugle
He held out his hands like a sightless man
Et il tomba sur le sol en un tas insensé
and he dropped into a senseless heap on the floor

- Troisième partie -
- Part Three -

Dans l'immense cimetière flambant neuf
In the huge new cemetery
à deux milles de la maison
two miles away from the house
Les vieillards ont enterré leur fils mort
the old people buried their dead son
Ils sont rentrés ensemble dans leur maison
They came back to their house together
Ils étaient plongés dans l'ombre et le silence
they were steeped in shadow and silence
Tout s'est terminé si vite
It was all over so quickly
Ils pouvaient à peine comprendre ce qui s'était passé
they could hardly take in what had happened
Ils sont restés dans un état d'attente
They remained in a state of expectation
comme si quelque chose d'autre allait se produire
as though of something else was going to happen
quelque chose d'autre, qui était d'alléger cette charge
something else, which was to lighten this load
la charge trop lourde à porter pour les vieux cœurs
the load too heavy for old hearts to bear
Mais les jours s'écoulèrent sans aucun soulagement
But the days passed without any relief
et l'attente a fait place à la résignation
and expectation gave place to resignation
La résignation désespérée de l'ancien
The hopeless resignation of the old
Parfois, on l'appelle à tort l'apathie
sometimes it is miscalled apathy

Pendant ce temps, ils n'échangèrent presque pas un mot
in this time they hardly exchanged a word
Maintenant, ils n'avaient plus rien à se dire
Now they had nothing to talk about
Leurs journées étaient longues, à cause de la lassitude
their days were long, from the weariness

C'était environ une semaine après les funérailles
It was about a week after the funeral
Le vieil homme se réveilla brusquement dans la nuit
the old man woke suddenly in the night
Il tendit la main
He stretched out his hand
Il s'est rendu compte qu'il était seul dans son lit
he found he was alone in bed
La pièce était plongée dans l'obscurité
The room was in darkness
Le bruit des pleurs sourds venait de la fenêtre
The sound of subdued weeping came from the window
Il se redressa dans son lit et écouta
He raised himself in bed and listened
— Revenez, dit-il tendrement
"Come back," he said, tenderly
« Tu auras froid », l'avertit-il
"You will be cold," he warned her
— Il fait plus froid pour mon fils, dit la vieille femme
"It is colder for my son," said the old woman
et elle pleura encore plus qu'avant
and she wept even more than before
Le son de ses sanglots s'éteignit à ses oreilles
The sound of her sobs died away on his ears
Le lit était chaud et confortable

The bed was warm and comfortable
Ses yeux étaient lourds de sommeil
His eyes were heavy with sleep
Il dormit jusqu'à ce qu'un cri soudain de sa femme le réveille
he slept until a sudden cry from his wife awoke him
« La patte ! » s'écria-t-elle avec fureur, « la patte du singe ! »
"The paw!" she cried wildly, "The monkey's paw!"
Il sortit du lit, alarmé
He got out of bed in alarm
« Où ? Où est-il ? demanda-t-il
"Where? Where is it?" he demanded
« Qu'est-ce qui se passe avec la patte du singe ? »
"What's the matter with the monkey's paw?"
Elle traversa la pièce en trébuchant vers lui
She came stumbling across the room toward him
« Je veux la patte du singe », dit-elle tranquillement
"I want the monkey's paw," she said, quietly
« Vous ne l'avez pas détruit, n'est-ce pas ? »
"You've not destroyed it, have you?"
— C'est dans le salon, répondit-il, émerveillé
"It's in the parlour" he replied, marvelling
« Pourquoi veux-tu la patte du singe ? »
"Why do you want the monkey's paw?"
Elle pleurait et riait en même temps
She cried and laughed at the same time
Se penchant, elle l'embrassa sur la joue
Bending over, she kissed his cheek
« Je viens juste d'y penser », dit-elle, hystérique.
"I only just thought of it," she said, hysterically.
« Pourquoi n'y ai-je pas pensé avant ? »
"Why didn't I think of it before?"

« Pourquoi n'y as-tu pas pensé ? »
"Why didn't you think of it?"
« À quoi n'avons-nous pas pensé ? » demanda-t-il
"what didn't we think of?" he questioned
— **Les deux autres souhaits, répondit-elle rapidement**
"The other two wishes," she replied, rapidly
« Nous n'avons eu qu'un seul de nos souhaits »
"We've only had one of our wishes"
« N'était-ce pas assez ? » demanda-t-il avec férocité
"Was that not enough?" he demanded, fiercely
— **Non, s'écria-t-elle triomphalement**
"No," she cried, triumphantly
« Nous ferons un vœu de plus »
"we will make one more wish"
« Descendez et récupérez-le rapidement »
"Go down and get it quickly"
« Et je souhaite à notre garçon de revivre »
"and wish our boy alive again"
L'homme s'assit dans son lit
The man sat up in bed
Il jeta les draps de ses membres tremblants
He flung the bedclothes from his quaking limbs
« Bon Dieu, vous êtes fou ! » s'écria-t-il, épouvanté
"Good God, you are mad!" he cried, aghast
« Prends la patte du singe », haleta-t-elle
"Get the monkey's paw," she panted
« Et faites le vœu. Oh, mon garçon, mon garçon !
"and make the wish. Oh, my boy, my boy!"
Son mari a frappé une allumette et a allumé la bougie
Her husband struck a match and lit the candle
— **Retournez vous coucher, dit-il d'une voix chancelante**
"Get back to bed," he said, unsteadily

« Tu ne sais pas ce que tu dis »
"You don't know what you are saying"
— Nous avons exaucé le premier vœu, dit fiévreusement la vieille
"We had the first wish granted," said the old woman, feverishly
« Pourquoi ne pouvons-nous pas exaucer un deuxième vœu ? »
"Why can we not get a second wish granted?"
— Une coïncidence, balbutia le vieillard
"A coincidence," stammered the old man
— Va le chercher et veux, s'écria sa femme
"Go and get it and wish," cried his wife
Elle tremblait d'excitation
she was quivering with excitement
Le vieil homme se retourna et la regarda
The old man turned and regarded her
Sa voix tremblait : « Il est mort depuis dix jours »
His voice shook, "He has been dead ten days"
« Et d'ailleurs... Je ne vous le dirais pas...
"and besides... I would not tell you..."
« mais, je ne pouvais le reconnaître qu'à ses vêtements »
"but, I could only recognize him by his clothing"
« Il était trop terrible pour que vous le voyiez »
"he was too terrible for you to see"
« Comment a-t-il pu être ramené de là ? »
"how could he be brought back from that?"
— Ramenez-le, s'écria la vieille
"Bring him back," cried the old woman
Elle le traîna vers la porte
She dragged him toward the door
« Crois-tu que j'aie peur de l'enfant que j'ai nourri ? »

"Do you think I fear the child I nursed?"
Il est descendu dans l'obscurité
He went down in the darkness
Il se dirigea à tâtons vers la cuisine
he felt his way to the kitchen
Puis il se dirigea vers la cheminée
Then he went to the mantelpiece
Le talisman était à sa place
The talisman was in its place
Il fut envahi par une horrible peur
he was overcome by a horrible fear
la peur que son souhait ne fonctionne
the fear that his wish would work
Son souhait serait de ramener son fils mutilé
his wish would bring his mutilated son back
Il avait perdu la direction de la porte
he had lost the direction of the door
mais il reprit son souffle
but he caught his breath again
Son front était glacé de sueur
His brow was cold with sweat
Même le visage de sa femme semblait changé
Even his wife's face seemed changed
Son visage était blanc et plein d'espoir
her face was white and expectant
il semblait avoir un aspect anormal sur elle
it seemed to have an unnatural look upon it
Il avait peur d'elle
he was afraid of her
« Souhait ! » s'écria-t-elle d'une voix forte
"Wish!" she cried, in a strong voice
« C'est insensé et méchant », balbutia-t-il
"It is foolish and wicked," he faltered

« Souhait ! » répéta sa femme
"Wish!" repeated his wife
Il a tenu la patte et a levé la main
He held the paw and raised his hand
« Je souhaite que mon fils soit à nouveau en vie »
"I wish my son alive again"
Le talisman tomba sur le sol
The talisman fell to the floor
Il la considérait avec crainte
He regarded it fearfully
Puis il s'affaissa tremblant sur une chaise
Then he sank trembling into a chair
La vieille femme, les yeux brûlants, se dirigea vers la fenêtre
The old woman, with burning eyes, walked to the window
Elle leva les stores et regarda dehors
she raised the blinds and peered out
La vieille femme se tenait immobile à la fenêtre
the old woman stood motionless at the window
Il s'assit jusqu'à ce qu'il fût glacé par le froid
he sat until he was chilled with the cold
De temps en temps, il jetait un coup d'œil à sa femme
occasionally he glanced at his wife

Le bout de la chandelle avait brûlé au-dessous du bord
The candle-end had burned below the rim
La flamme projetait des ombres palpitantes sur les murs
the flame threw pulsating shadows on the walls
Avec un scintillement plus grand que le reste, il s'est éteint
with a flicker larger than the rest, it went out

Le vieil homme éprouva un indicible sentiment de soulagement
The old man felt an unspeakable sense of relief
Le talisman n'avait pas réussi à réaliser son souhait
the talisman had failed to grand his wish
Alors, le vieil homme se glissa jusqu'à son lit
so, the old man crept back to his bed
Une minute ou deux après, la vieille femme le rejoignit
A minute or two afterwards the old woman joined him
Elle s'allongea silencieusement et apathiquement à côté de lui
she silently and apathetically laid herself beside him
Ni l'un ni l'autre ne parlèrent, mais ils restèrent silencieux
Neither spoke, but they lay silently
Ils écoutaient le tic-tac de l'horloge
they listened to the ticking of the clock
Ils entendirent le grincement de l'escalier
they heard the creaking of the stairs
et une souris grinçante se précipita bruyamment à travers le mur
and a squeaky mouse scurried noisily through the wall
L'obscurité qui planait au-dessus d'eux était oppressante
The darkness hanging over them was oppressive
Finalement, le vieil homme eut à nouveau assez de courage
eventually the old man had enough courage again
Il se leva et prit la boîte d'allumettes
he got up and took the box of matches
Frappant une allumette, il descendit chercher une bougie
Striking a match, he went downstairs for a candle

Au pied de l'escalier, l'allumette s'éteignit
At the foot of the stairs the match went out
Et il s'arrêta pour frapper une autre allumette
and he paused to strike another match
Au même instant, on frappa à la porte
At the same moment there was a knock
un coup si silencieux et si furtif qu'on l'entend à peine
a knock so quiet and stealthy as to be scarcely audible
On frappa à la porte d'entrée
the knock came from the front door
Les allumettes lui tombèrent des mains et se renversèrent sur le sol
The matches fell from his hand and spilled on the floor
Il se tenait immobile dans l'escalier
He stood motionless on the stairs
Son souffle s'arrêta jusqu'à ce que le coup soit répété
his breath suspended until the knock was repeated
Puis il se retourna et s'enfuit rapidement dans sa chambre
Then he turned and fled swiftly back to his room
Et il ferma la porte derrière lui
and he closed the door behind him
Un troisième coup retentit dans la maison
A third knock sounded through the house
— Qu'est-ce que c'est que cela ? s'écria la vieille
"What's that?" cried the old woman
— Un rat, dit le vieillard d'une voix tremblante
"A rat," said the old man in shaking tones
« Un rat, il est passé devant moi dans les escaliers »
"a rat, it ran past me on the stairs"
Sa femme s'assit dans son lit, écoutant
His wife sat up in bed, listening
Un grand coup retentit dans la maison

A loud knock resounded through the house
« C'est Herbert ! » cria-t-elle, « c'est Herbert ! »
"It's Herbert!" she screamed, "it's Herbert!"
Elle courut à la porte, mais son mari fut plus rapide
She ran to the door, but her husband was quicker
Il l'attrapa par le bras et la serra fort
he caught her by the arm and held her tightly
« Qu'est-ce que tu vas faire ? » murmura-t-il d'une voix rauque
"What are you going to do?" he whispered hoarsely
« C'est mon garçon ; c'est Herbert ! s'écria-t-elle
"It's my boy; it's Herbert!" she cried
Elle luttait machinalement pour se libérer
she struggled mechanically to break free
« J'avais oublié que c'était à deux miles de là »
"I forgot it was two miles away"
« Pourquoi me retenez-vous ? »
"What are you holding me for?"
« Laisse-moi partir. Il faut que j'ouvre la porte »
"Let me go. I must open the door"
— Pour l'amour de Dieu, ne le laissez pas entrer, s'écria le vieillard en tremblant
"For God's sake don't let it in," cried the old man, trembling
— Tu as peur de ton propre fils, s'écria-t-elle en se débattant
"You're afraid of your own son," she cried, struggling
« Laisse-moi partir. J'arrive, Herbert, j'arrive.
"Let me go. I'm coming, Herbert, I'm coming"
Il y eut un autre coup, et un autre
There was another knock, and another
D'un mouvement brusque, la vieille femme se libéra
with a sudden movement the old woman broke free

Et elle sortit de la pièce en courant
and she ran out of the room
Son mari la suivit jusqu'au palier
Her husband followed her to the landing
Il l'appela d'un ton suppliant alors qu'elle se dépêchait de descendre les escaliers
he called after her appealingly as she hurried downstairs
Il entendit la chaîne de la porte s'entrechoquer
He heard the chain of the door rattle back
La voix de la vieille femme, tendue et haletante
the old woman's voice, strained and panting
— Le loquet de la porte, s'écria-t-elle d'une voix forte
"The latch of the door" she cried, loudly
« Descends, je ne peux pas l'atteindre »
"Come down, I can't reach it"
Mais son mari était à quatre pattes
But her husband was on his hands and knees
Il tâtonnait sauvagement sur le sol
he was groping wildly on the floor
Il cherchait frénétiquement la patte
he was frantically searching for the paw
Si seulement il pouvait le trouver avant que la chose à l'extérieur n'entre
If he could only find it before the thing outside got in
Une fusillade parfaite de coups se répercuta dans la maison
A perfect fusillade of knocks reverberated through the house
Il entendit le raclement d'une chaise
He heard the scraping of a chair
Sa femme avait mis la chaise contre la porte
his wife had put the chair against the door
Il entendit le grincement du verrou

He heard the creaking of the bolt
Au même instant, il trouva la patte du singe
At the same moment he found the monkey's paw
Frénétiquement, il souffla son troisième et dernier vœu
frantically he breathed his third and last wish
Les coups cessèrent brusquement
The knocking ceased suddenly
mais les échos en étaient encore dans la maison
but the echoes of it were still in the house
Il entendit la chaise se tirer vers l'arrière
He heard the chair being pulled back
et il entendit la porte s'ouvrir
and he heard the door being opened
Un vent froid s'engouffra dans l'escalier
A cold wind rushed up the staircase
et un long gémissement de déception suivit le vent
and a long loud wail of disappointment followed the wind
Cela lui donna le courage de courir à ses côtés
it gave him courage to run down to her side
Puis il courut à la porte de la maison
Then he ran to the gate of the house
Le réverbère vacillait sur une route calme et déserte
The street lamp flickered on a quiet and deserted road

La fin
The End

www.tranzlaty.com

www.ingramcontent.com/pod-product-compliance
Lightning Source LLC
Chambersburg PA
CBHW011954090526
44591CB00020B/2774